V
©

3158

Dialogues

sur

L'ÉQUITATION

PAR

MM. Baucher et Pellier.

Premier Dialogue.

PARIS

AU MANÈGE BAUCHER ET PELLIER,

Porte Saint-Martin, 11.

1835

DIALOGUES
SUR L'ÉQUITATION.

IMPRIMERIE DE E. DUVERGER,
rue de Verneuil, 4.

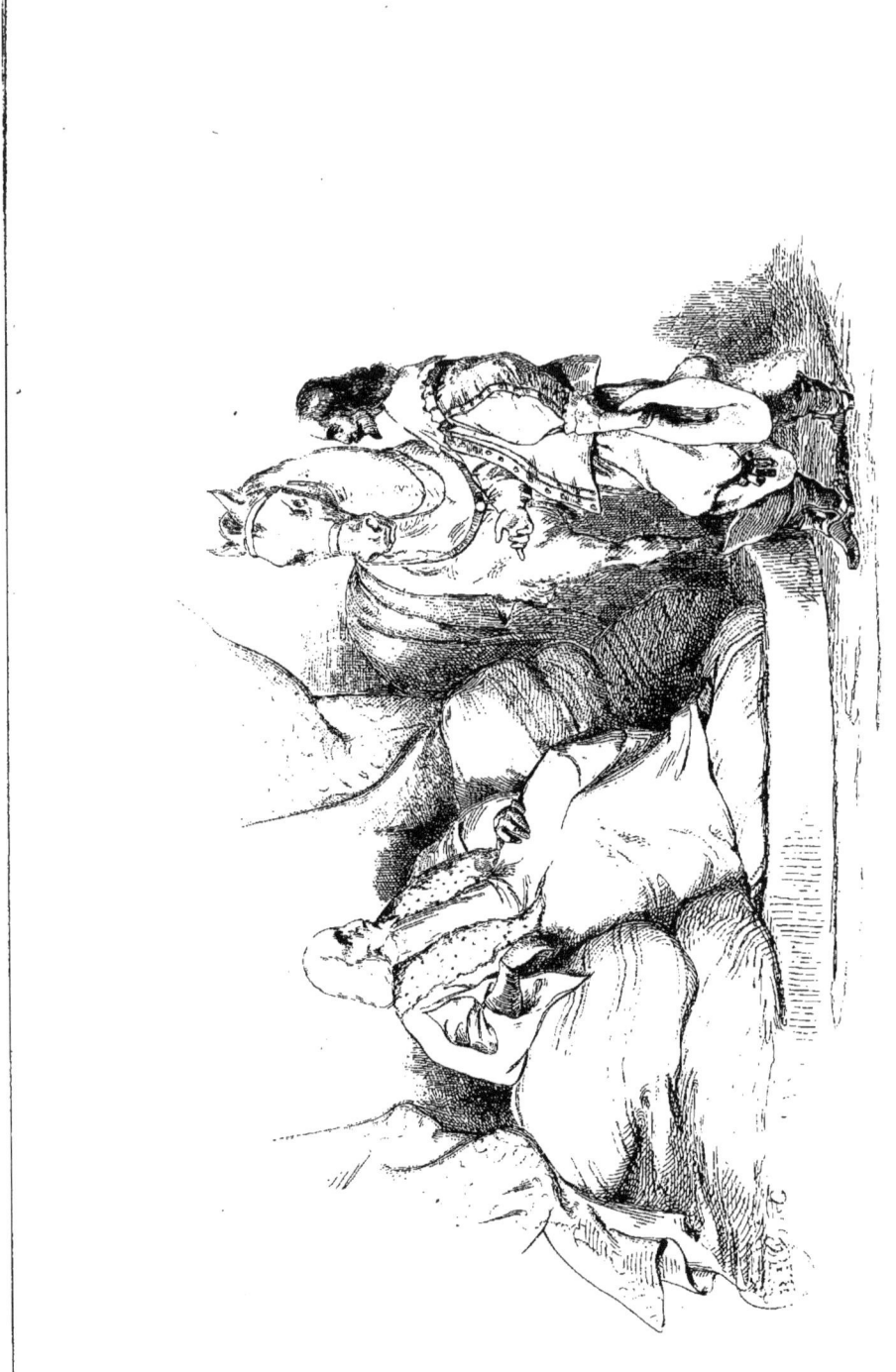

DIALOGUES SUR L'ÉQUITATION.

PREMIER DIALOGUE

ENTRE

LE GRAND HIPPO-THÉO,

DIEU DES QUADRUPÈDES,

UN CAVALIER ET UN CHEVAL;

PAR

MM. BAUCHER ET PELLIER.

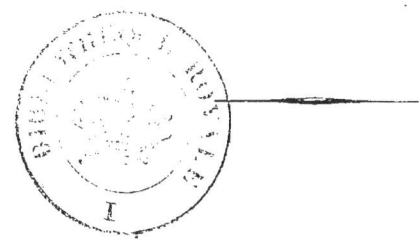

PARIS.

AU MANÉGE BAUCHER ET PELLIER,
PORTE SAINT-MARTIN, N. 11.

1835.

DIALOGUES SUR L'ÉQUITATION.

PREMIER DIALOGUE.

LE GRAND HIPPO-THÉO, DIEU DES QUADRUPÈDES, UN CAVALIER ET UN CHEVAL.

LE DIEU.

Assez de coups d'éperon et de cravache ont été distribués souvent sans discernement ; assez de ruades et de sauts de toute espèce y ont répondu, et cela sans protocole, sans déclaration de guerre préalable. Il est temps que cela finisse ; il est temps qu'après ce duel vienne l'explication ; qui sait même si je ne ferai pas déjeuner ensemble les parties belligérantes ? Il est vrai qu'une petite difficulté s'opposait à toute explication ; je la lève : quadrupède, tu vas parler. Fais usage de tous les moyens que peuvent te donner les sciences physiques et anatomiques ; dis si les rigueurs qu'exercent sur toi ces impérieux cavaliers sont bien ou mal à propos employées, ou si tes élans de méchanceté sont dans ton caractère. En vertu de ma toute-puissance, je t'accorde pendant une heure le don de la parole.

Et toi, bipède, tu parleras à ton tour, tu m'adresseras tes plaintes, tu en feras valoir la justesse. Je veux savoir si tu es digne du présent le plus noble et le plus utile que tu tiennes de la nature pour alléger tes peines et tripler tes jouissances. Mais surtout évitez les personnalités et les grossières injures qui ne prouvent rien. Commencez donc, et comptez l'un et l'autre sur mon impartialité.

LE CAVALIER.

A moi, d'abord, comme au plus ancien dans l'exercice de la parole, et que votre toute-puissance juge si je n'ai pas lieu de me plaindre. Depuis cinq minutes je ne puis parvenir à mettre le pied à l'étrier. J'ai beau par des holà, par des saccades de bride, vouloir faire comprendre à l'animal qu'il est indocile, il n'en tient aucun compte, et plusieurs fois il a failli me casser la jambe en détachant malicieusement quelques ruades.

LE DIEU, *s'adressant au cheval.*

Qu'avez-vous à répondre à cette interpellation

LE CHEVAL.

Une des qualités les plus précieuses que j'aie reçues en naissant de votre toute-puissance est l'action ; j'ai pensé que c'était pour en faire usage. Ce seigneur cavalier, dont les goûts diffèrent entièrement de ceux de mon ancien maître, n'a pas su jusqu'à présent m'en faire comprendre la défense. Lui, leste et adroit, était glorieux de déployer son agilité en m'enfourchant, et m'excitait à caracoler, puis me donnait un coup de bride pour me lancer au galop. Bien que ce dernier moyen fût inopportun et qu'il m'eût été facile de m'y refuser, je m'y soumettais complaisamment. Maintenant je ne puis comprendre que les mêmes moyens doivent avoir des effets opposés. Il est vrai que la douleur que fait naître la brusque pression du mors m'est bien pénible ; mais comme ce beau cavalier a toujours les rênes trop longues, je ne l'éprouve qu'une minute après m'être déplacé, souvent même je me débarrasse des rênes par la prestesse de mes mouvements, et me livre (croyant bien faire) à mes inspirations fougueuses. J'entends bien des holà ; mais comme mon impatient cavalier ne s'est pas donné la peine de me bien faire comprendre la valeur de ce mot, je ne puis lui en tenir compte.

LE DIEU.

Que devait-il donc faire?

LE CHEVAL.

Me mettre un caveçon sur le nez, se placer devant moi et en tenir la longe, en me regardant avec bonté, et me faisant connaître par des caresses sa bonne volonté; pendant ce temps, faire mettre le pied à l'étrier à un palefrenier, puis me rassurer avec des intonations de voix douces et des syllabes sonores. Si l'impatience mettait mon attention en défaut, alors un petit coup de caveçon sur le nez m'y rappellerait. Cet expédient n'aurait pas été renouvelé deux ou trois fois que je serais devenu d'une sagesse exemplaire; mais pour cela il faut trouver le moyen de rendre intelligible ce qu'on veut nous apprendre; et, comme le voit votre toute-puissance, ces messieurs ne s'en donnent guère la peine. Quant aux coups de pied, il me semble toujours voir des palefreniers brutaux qui me fouettent les jambes, et la peur rend sujet aux méprises : *chat échaudé craint l'eau froide.*

LE DIEU.

Eh bien ! messire cavalier, que pensez-vous de pareils arguments? Il me semble qu'ils rendent la réplique difficile.

LE CAVALIER.

Je ne savais pas qu'il fallût de semblables procédés avec un animal dont la condition est l'esclavage, et que son manque d'intelligence doit soumettre à tous nos caprices.

LE DIEU.

Etes-vous donc bien sûr de ce que vous avancez là ? Mais, en admettant que le cheval soit moins intelligent que vous, n'est-ce pas une raison pour employer cette même intelligence dont vous vous accordez la possession exclusive, à lui faire connaître ce que vous désirez ? Mais, avant d'aller plus loin, tenez-vous pour bien dit, et n'oubliez jamais que le cheval est doué de facultés intellectuelles que votre vanité seule vous empêche de reconnaître, et qu'enfin, parce qu'un *drap* est moins fin qu'un autre, *ce n'en est pas moins du drap.*

LE CAVALIER.

Je consens à passer condamnation sur ce point; cependant je ferai observer à votre toute-puissance que nos docteurs ès-sciences et arts ont jugé cette question tout autrement. Je reviens à ma querelle. Quand, tant bien que mal, je suis parvenu à me placer en selle, nouvelles méchancetés de la part du cheval; il fait ce qu'on appelle le dos de carpe, et de là une succession de sauts qui me désarçonnent. En quoi suis-je donc fautif? Mes actions ont été jusqu'ici on ne peut plus inoffensives, vous le voyez: il n'entend rien aux bons procédés.

LE CHEVAL.

Le tact si fin dont nous a doué votre divinité nous fait sentir promptement la maladresse et le peu de connaissance de notre cavalier; d'abord, sa position incertaine et vacillante dérange et brouille nos allures les plus naturelles; qu'est-ce donc s'il veut nous assujétir à ses mouvements maladroits et brusques? Ai-je tort de lui faire connaître que je n'aime point à être maltraité, et qu'il doit apprendre les règles d'un art avant de le mettre en pratique?

LE CAVALIER.

Eh! qu'ai-je besoin, moi, homme civilisé, d'apprendre ce que les peuplades sauvages exécutent si bien d'elles-mêmes et sans principes? Si je suis riche, ne puis-je donc pas, à force d'argent, trouver un coursier à ma convenance et m'exempter par-là de jouer le rôle d'artiste? Encore une fois, seigneur, le cheval secoue trop le joug auquel il doit être soumis par les lois de la nature.

LE DIEU.

C'est à moi de répondre à votre orgueilleuse sortie. D'abord, je vous apprendrai que, sous les rapports de la force physique, le sauvage est supérieur à l'homme civilisé. Comme l'argent n'est rien pour lui, il doit chercher les moyens de pourvoir à son existence, et pour y parvenir il passe des journées entières sur son cher compagnon; et c'est depuis son enfance qu'il se livre à ces courses périlleuses qui le rendent solide cavalier. Puis, les plaines de sable qu'il parcourt ne l'astreignent à aucune attention pour éviter les pierres et les ornières qui encombrent et coupent vos chemins si étroits et si remplis de voitures et d'obstacles de toutes espèces. Croyez-vous donc que l'or entassé dans vos palais somptueux vous exempte d'apprendre? Devenez artiste en dépit de vous-même, sinon vos plaisirs seront plus bornés que ceux de l'être dont vous dédaignez le savoir; ou si, en dépit du dieu des arts, vous n'écoutez que votre inepte gloriole, prenez garde de tomber d'une selle dans un cercueil. Je borne là cette juste réprimande, et je continue à vous écouter : peut-être trouverai-je enfin l'occasion de me rendre à votre avis.

LE CAVALIER.

Las de rester toujours en place, je veux faire

marcher mon coursier et me diriger vers les promenades fréquentées pour faire admirer ma grace et mon maintien. Eh bien! après avoir long-temps bataillé en pure perte, je suis forcé de céder et de continuer, bien malgré moi, à pied, la promenade que je m'étais promis de faire à cheval. Qu'y a-t-il donc à faire contre un animal si fort et si brutal? Il me semble que, s'il avait la noblesse que vous lui supposez, il devrait être glorieux de déployer ses belles formes en présence d'un public, sinon connaisseur, du moins amateur.

LE CHEVAL.

Ma réponse est simple et facile. Comme vos moyens pour me transmettre votre volonté sont incertains, sans énergie, et qu'ils me contraignent douloureusement sans me faire rien comprendre, vous ne devez pas trouver mauvais qu'ayant la libre disposition de l'emploi de mes forces, j'évite ce qui m'est pénible.

LE CAVALIER.

Je vous demanderai maintenant pourquoi, mes moyens d'exécution étant toujours les mêmes, vous n'êtes récalcitrant que de temps à autre? N'est-ce pas là du caprice et de la mauvaise volonté?

LE CHEVAL.

Non, c'est une preuve de mon peu de rancune. J'oublie promptement ce que votre ignorance a produit et reviens souvent à mon bon naturel de cheval, mais bientôt vos mouvements me strapassent tellement qu'il me faut, malgré moi, renoncer à une sortie qui m'eût été agréable et utile. Je préfère rester garrotté dans votre écurie malsaine et souffrir les mauvais traitements de votre palefrenier; car, en cela comme en beaucoup d'autres choses, tel maître, tel valet.

LE DIEU.

J'attends, messire cavalier, que vos plaintes reposent sur des bases plus solides pour vous donner gain de cause. Jusqu'à présent mon attente a été vaine : continuez donc.

LE CAVALIER.

Votre toute-puissance a donné trois allures au cheval; eh bien! quand je parviens à le faire bouger de place, je veux d'abord l'acheminer au pas et droit devant lui, puisqu'il marche sur une route droite. Alors, nouvelle marque de désobéissance de sa part : ou il trotte, ou il s'arrête; il se jette à droite ou à gauche et m'expose à tomber dans quelque fossé : cependant mon intention était qu'il marchât bien droit. A quoi attribuer ces nouveaux caprices?

LE CHEVAL.

A vous, toujours à vous, messire cavalier; de deux choses l'une : ou je dois et peux disposer de mes forces, alors ma volonté devient libre, et je m'en sers comme le fait tout être pensant; ou bien vous en paralysez l'action volontaire, et je dois me soumettre. Dans ce dernier cas, il faut que vous connaissiez quels sont les mouvements qui me sont naturels pour qu'ils soient les mêmes quand vous me dirigez. Ainsi, vous devez ne m'activer que légèrement pour me faire prendre l'allure du pas et entretenir ce même degré de force afin qu'elle ne change pas; pour cela, il faut que la pression de vos jambes soit graduée sur ma sensibilité et sur mon action primitive. Vous faites tout l'opposé : vos jambes mal assurées et éloignées de mes flancs ne se font sentir que par à-coup et toujours brusquement, puis s'éloignent immédiatement; il vous est impossible, avec cette grotesque position, de me faire comprendre que c'est l'allure du pas que vous exigez de moi. Puis, des mouvements contraires me sont indiqués par votre traîtresse de main, car tout être sensible cherche à fuir la douleur, et c'est ce que je fais en revenant sur moi-même pour éviter la pression insupportable du frein qui me punit d'une faute que je n'ai pas commise. Quant à l'habitude de *louvoyer* dont vous vous plaignez, je vais chercher à vous faire comprendre par une explication physique que l'inégalité de force entraîne naturellement l'inégalité de poids, et que celui de mon corps, tantôt porté à droite, tantôt porté à gauche, ne peut également être réparti sur mes quatre jambes, ni leur donner une mobilité toujours la même; or, ou votre main maladroite me donne ces diverses inclinaisons, ou n'étant conduit par rien, je prends indistinctement ces positions, et de là surviennent les mouvements inégaux qui vous déplaisent. Suis-je sorcier? Non. L'êtes-vous davantage? Rien ne le prouve jusqu'ici.

LE CAVALIER.

Aurez-vous les mêmes arguments à m'opposer pour le trot, qui vous est assez familier, il est vrai, mais que je ne puis modérer ni accélérer comme je le voudrais. D'où viennent donc ces deux extrêmes? N'oubliez pas de relater dans votre réponse la cause pour laquelle, malgré le prix exorbitant que vous m'avez coûté, vous êtes sujet aux génuflexions. Dites aussi pourquoi vos fers se rencontrent parfois (ce qu'on appelle forger), ce qui est on ne peut plus choquant pour l'oreille d'un gentleman qui n'apprécie le cavalier que par les qualités de son cheval. Est-ce par malice ou mauvaise volonté que vous me faites regarder d'un air de pitié par tous les amateurs qui vous prennent pour une haquenée? Répondez.

LE CHEVAL.

Je vais répondre à toutes vos questions, quelque compliquées qu'elles soient; mais pour cela je dois procéder par ordre. La cause qui me fait accélérer le trot est la même que pour le pas; il en sera ainsi pour toutes les allures tant qu'il n'y aura pas rapport exact entre vos poignets et vos jambes. Non-seulement une juste opposition entre ces deux puissances est utile pour entretenir le degré de force convenable à la continuité de telle ou telle allure, mais elle nous donne encore cet équilibre qui nous fait sentir et apprécier les moindres sujétions du frein et des jambes, et nous engage à y répondre. Vous devez donc de toute rigueur nous donner cette position et cet équilibre. Admettez (et vous y êtes tout disposé) que nous soyons sans intelligence aucune, et expliquez-moi comment vous, beaucoup plus faible que nous, vous parviendrez à enlever notre masse pour lui faire prendre telle ou telle direction, si vous négligez les lois de l'équilibre. Mon corps étant porté sur quatre colonnes, ne faut-il pas les surcharger ou les alléger alternativement pour les fixer ou les enlever; n'est-ce pas par de certaines positions de corps que vous y parviendrez? Ceci admis, étant doué d'intelligence et de volonté, ai-je tort de me refuser aux mouvements qui n'ont pas été précédés d'une position convenable? Votre reproche sur le prix que je coûte à votre seigneurie n'est pas de mon ressort. Il s'agit de supercherie, et nous sommes étrangers à ces sortes de gentillesses que possède exclusivement l'espèce civilisée. Apprenez donc à distinguer les proportions qui font le bon cheval, et à reconnaître si aucune tare accusatrice de la barbarie des maîtres auxquels il a appartenu n'est pas la cause de ses résistances et du mauvais service qu'il rend. Les génuflexions et le contact des fers peuvent être l'effet, soit des vices que je viens de signaler, soit de votre mauvaise manière de nous diriger; les fausses positions que vous nous laissez prendre entraînent naturellement une irrégularité de mouvements qui nous expose, ainsi que vous, à toutes sortes de positions disgracieuses et même dangereuses. Votre amour-propre est froissé, dites-vous; mais si nous en avons aussi nous-mêmes, combien plus ne l'est-il pas par votre maladresse qui nous empêche de déployer toute la grace et la souplesse de nos mouvements?

LE DIEU.

Que concluez-vous de cette dissertation, messire cavalier? Rappelez-vous que c'est savoir quelque chose que d'avouer qu'on ne sait rien. Nous sommes ici pour nous donner réciproquement des conseils, et pour cela il faut rendre justice à qui de droit; revenir sur une fausse impression et se rendre à l'évidence est le fait d'un galant homme. Que dois-je augurer de vous?

LE CAVALIER.

Votre divinité trouverait fort mal, je pense, que, sans être convaincu, j'adhérasse aux raisonnements d'autrui. J'ai vu tant de savants appuyer des doctrines différentes les unes des autres, sur de si beaux raisonnements, et par une logique si subtile, qu'ils me paraissaient tous avoir raison. Le cas dont il s'agit n'est pas le même, il est vrai; mais, je dois vous l'avouer, votre quadrupède a un terrible adversaire à combattre, l'amour-propre! J'ai voulu jusqu'à présent mettre tous les torts du côté du cheval, maintenant je me contente de croire qu'il n'y avait pas de ma faute; vous voyez que vous avez en partie gain de cause. Prenez patience, et laissez-moi continuer mes interpellations; il me semble avoir de quoi me justifier et faire bientôt pencher la balance de mon côté.

LE DIEU.

Je le souhaite, puisque vous y tenez si essentiellement; mais j'en doute, car le cheval me paraît bien *ferré*.

LE CAVALIER.

En admettant que je sois pour quelque chose dans votre vitesse plus ou moins irrégulière, en serait-il ainsi pour les résistances que vous manifestez opiniâtrément quand je veux vous tourner à droite ou à gauche? J'imite cependant plusieurs excellents cavaliers de mes amis. J'ai vu quels moyens ils employaient pour faire changer de direction à leurs chevaux, et j'ai vu ceux-ci y répondre très vivement. Comment se fait-il qu'avec le même procédé je n'obtienne pas le même résultat?

LE CHEVAL.

Je vais à mon tour, messire cavalier, vous faire des concessions. Vous n'ignorez pas que le tout-puissant ici présent a mis dans nos formes autant de variété qu'il y a de sujets, c'est-à-dire qu'à l'exemple de l'espèce humaine, où on ne rencontre pas deux êtres doués du même physique et des mêmes proportions, de même il n'y a pas deux chevaux d'une construction pareille. De là viennent les difficultés que présentent certaines conformations. C'est par suite de ces belles proportions, jointes à de l'action primitive, que des cavaliers, même ignorants, obtiennent de l'obéissance; dans ce cas l'honneur que s'attribue le cavalier est dû tout entier aux dispositions naturelles du cheval; les chevaux moins bien partagés de la nature ont attendu vainement jusqu'ici de bons cavaliers pour qu'il y eût compensation.

LE CAVALIER.

Comment, logicien quadrupède, vous n'admettez pas qu'il y ait des chevaux d'un caractère méchant, et vous mettez toutes leurs défenses sur le compte de leur conformation et de la manière dont ils sont conduits ? Ceci demande une plus ample explication ; rendez-moi raison aussi de la résistance de ces chevaux qui sont moins bien conformés, et indiquez-moi le moyen d'en tirer tout le parti possible. Vous voyez que ma grandeur n'est pas sans quelque bonté, puisqu'elle veut bien descendre jusqu'à vous demander un avis.

LE CHEVAL.

Je vous le répète, respectable maître, il n'est pas de chevaux bien conformés (à quelques exceptions près) qui se livrent à des actes de méchanceté. Les chevaux n'ont rien de ce qui engendre ce vice; ils ne connaissent ni la vanité, ni l'orgueil, ni la cupidité, ni l'hypocrisie, ni la bassesse, ni l'avarice, ni l'ambition, ni l'égoïsme, etc. Sur quoi baseraient-ils leur méchanceté, qui n'existerait même pas chez l'espèce humaine sans ces vices, produit de la civilisation? Pour quelle cause le cheval, étant le plus fort et ayant une construction supérieure à la vôtre pour la marche, ne vous porterait-il pas avec fierté, même avec gaîté, car votre propre poids, bien disposé sur son centre de gravité, ne lui coûterait pas plus à porter que vous à le suivre? Nous ne pouvons donc être méchants naturellement, puisque tout ce qui donne naissance à la méchanceté nous est inconnu; mais vos mauvais procédés, votre ignorance peuvent nous donner ce défaut. Je vous ai déjà dit qu'un cheval d'*action* et bien proportionné dans ses formes y était moins sujet; je vais vous en expliquer la raison. Vous concevez facilement qu'un cheval bien soudé dans ses articulations, exempt de tares et le corps tellement bien charpenté qu'il pourrait pour ainsi dire se passer de ses extrémités, ne laissera rien à désirer ni physiquement ni moralement, si avec cette bonne construction il possède ce qu'on appelle le feu sacré, ou cette action qui se renouvelle d'elle-même. Tels sont les bons chevaux de race anglaise. Car, bien qu'on m'ait vendu comme originaire de ce pays, je suis natif du Melleraud; et quoique la race de cette contrée donne quelques bons chevaux, nous sommes, à notre grand regret, forcés de reconnaître la supériorité de nos frères d'outre-mer. Si votre seigneurie veut bien questionner notre divin créateur, il lui dira, je n'en doute pas, pourquoi cette différence entre les diverses races. Pour moi je reviens au bon cheval, de quelque pays qu'il soit originaire. L'équilibre étant la base de tous nos mouvements, plus la régularité de nos proportions nous en rapproche, moins le cavalier sera obligé de s'occuper de nous. Cette position première étant indispensable pour obtenir facilement celle qui indique que nous devons changer de direction ou d'allure, vous concevez qu'alors nous sommes disposés naturellement à répondre avec promptitude et facilité, puisqu'aucun de ces mouvements ne cause ni effort ni confusion dans nos idées. Maintenant il me sera d'autant plus facile d'expliquer pourquoi les chevaux tarés, faibles, disproportionnés dans leurs formes, sont plus difficiles à conduire et deviennent rétifs, que j'ai eu en partage dès ma naissance une partie de ces imperfections, auxquelles bientôt les autres ont succédé. Je puis en parler non par tradition, mais bien par expérience. J'ai d'abord été monté trop jeune, à quatre ans. La crue est prompte dans nos pays, aussi restons-nous long-temps faibles. A sept ans nous avons beaucoup plus de vigueur qu'à six : ce devrait être une raison pour ne nous demander un travail de force et de longue haleine qu'à sept au moins. En outre il ne faudrait pas jusqu'à l'âge de quatre ans nous abandonner dans un herbage, à la merci d'un gardien brutal qui nous effraie et nous fait prendre du dégoût et de l'antipathie pour tout ce qui est homme. Il en résulte que, vendus à cet âge, nous sommes sauvages et soupçonneux, n'ayant aucune idée de ce que nous devons faire ; aussi, selle, bride, etc., tout est pour nous sujet de crainte et d'effroi, et nous cherchons naturellement à les éviter. Quand, pour nous donner la connaissance de ces objets, on nous maltraite sans raison et sans pitié, croyez-vous que ce soit à tort que nous fassions usage de tous nos moyens de défense, tels que ruades, coups de dents, enfin tout ce qui peut éloigner l'ignorant qui nous rend victimes de ses brutalités ? Pourquoi ne nous apprivoise-t-on pas dans une écurie dès l'âge de trois ans, en nous faisant soigner par des gens d'un caractère doux et patient ? Pourquoi ne pas nous faire herser quelques heures dans la journée, travail que l'on augmenterait à mesure que nos forces croîtraient, et qui nous familiariserait aussi avec les habitudes et les manières de l'homme, qui bientôt deviendrait notre meilleur ami ? Bien loin de là, on nous rend hargneux, puis on nous monte trop jeunes. Comme je l'ai déjà dit, une bonne construction peut racheter ces deux torts, si toutefois le cheval échoit en partage à un écuyer instruit et patient. Mais si, comme moi, il a l'encolure droite, les épaules courtes, et si avec ces vices naturels il tombe dans les mains d'un homme inexpérimenté, ce qui m'est arrivé à plusieurs reprises, sera-t-il étonnant de le voir récalcitrant? La défectuosité de ma partie antérieure me rend naturellement lourd à la main, de là vient la difficulté de me diriger. Il y aurait bien un moyen, à l'aide de mes jarrets hauts et larges et de mes reins assez bien proportionnés, de faire disparaître la contraction que donne la mauvaise construction de mon encolure, et de rendre ma tête légère ; mais il faudrait, pour arriver à ce résultat, du discernement, du savoir, de l'acquis même, et les écuyers possédant ces qualités sont rares. Aussi notre mauvaise position, étant toujours la même, nous fait employer une force qui combat avec succès toutes celles que le cavalier peut nous opposer, tant qu'elles n'ont pas pour résultat de changer cette position. Cette translation de force et de poids ne pouvant s'obtenir, le mouvement exigé, qui n'en est que le résultat, est d'une impossibilité physique. C'est alors que les imprécations ne nous sont point épargnées, puis arrivent la cravache et les éperons, les saccades de la bride; et comme ce châtiment machinal ne peut amener la position propre aux mouvements qu'on nous demande, nous nous laissons quelquefois rouer de coups sans en apprendre ni comprendre davantage. Quelquefois aussi, poussés au désespoir, pour punir le cavalier de son inepte brutalité, nous faisons nos efforts pour nous débarrasser du joug inhumain qu'il nous impose ; voilà ce que vous appelez des méchancetés. Réfléchissez donc, et vous changerez bientôt d'avis et de manière d'agir.

LE CAVALIER.

D'après ce que je viens d'entendre, je crois bien avoir parfois fait usage de moyens inopportuns ; cependant je me réserve de vous faire encore plusieurs questions, et l'exactitude de vos réponses fera sans doute naître ma conviction. Préparez-vous donc à de nouvelles attaques, pendant que je vais prier le grand Hippo-Théo de me dire pour quelle raison les bons chevaux abondent chez telle nation, et sont beaucoup plus rares chez telle autre, et, sans aller plus loin, je citerai la France et l'Angleterre.

LE DIEU.

La demande que vous me faites, messire cavalier, ne parle pas en faveur de vos connaissances *hippiques*. Ignorez-vous donc que votre pays a été le mieux partagé en bonne race chevaline, et que c'est votre peu de goût pour ces animaux, votre peu d'esprit national, qui en a fait dégénérer les races? Au lieu d'avoir recours à des croisemens bien assortis, qui les eussent perfectionnées, vous les avez laissées s'abâtardir. Aussi combien de fois ne me suis-je pas reproché de m'être trompé dans le choix des contrées que j'ai favorisées ! cependant c'est peut-être un bien, car jamais vous ne vous seriez résignés aux sacrifices qu'eût exigés de vous le besoin de perfectionner les races. Quel souverain français eût osé employer, comme Henri VIII, les moyens les plus violents et les plus tyranniques, jusqu'à faire tuer toutes les juments qu'on ne jugerait pas propres à une reproduction convenable? Quand avez-vous consenti aux plus grands sacrifices, ainsi que l'ont fait les Anglais, pour acheter des étalons arabes et les faire transporter à grands frais dans votre pays? N'aimant pas les chevaux, vous ne vous donnez pas la peine de chercher ce qui leur convient, comme pansements, soins hygiéniques, promenades, etc. Il est vrai que les nobles lords mettent parfois leurs fiers coursiers à de rudes épreuves; mais aussi il n'est pas de petite maîtresse entourée de plus de soins qu'ils n'en ont quand ils rentrent dans leur belle et salubre écurie. Le palefrenier est tout entier à son cheval dont il est le domestique exclusif. Pour empêcher que la transpiration ne s'arrête trop promptement, il pompe la sueur en le bouchonnant à force, et ne cesse de le frictionner ainsi qu'après l'avoir séché entièrement et lui avoir rendu le poil lisse et brillant comme la soie; puis les naseaux et la bouche sont lavés avec de l'eau et du vinaigre; les jambes sont enveloppées avec des bandes de flanelle, pour éviter que la fatigue ne tombe dans les extrémités et n'engorge les tissus cellulaires; la nourriture ne leur est donnée qu'avec beaucoup de ménagement; enfin on s'occupe de tout, même du degré de chaleur de l'écurie, qui se calcule à l'aide d'un thermomètre, pour qu'elle soit en rapport avec la température extérieure. Les Français, au contraire, sont forcés d'exiger peu de leurs chevaux, vu leur peu de vigueur; et ce qui contribue à les rendre promptement incapables d'aucun bon service, c'est le peu d'intérêt qu'on leur porte. Le cheval rentre dans son écurie, suant, essoufflé; son maître ne s'en occupe pas; une couverture légère est mise sur son dos, et le palefrenier, espèce de maître Jacques, occupé à faire la cuisine ou tout autre détail intérieur, laisse ce malheureux quadrupède vis-à-vis de sa botte de foin; heureux encore quand il ne lui lave pas le ventre pour enlever la boue dont il est couvert! De là les transpirations arrêtées, les fluxions de poitrine qui réduisent le pauvre animal à la dernière extrémité. Et vous pensez, messire cavalier, que cette insouciance de votre part ne détruira pas les qualités du meilleur cheval? Détrompez-vous, elle lui est plus perfide que la peste et la famine. Il me semble vous avoir fait assez comprendre comment les races s'améliorent ou dégénèrent; écoutez pourtant encore ce mot d'un connaisseur devenu aveugle. Il entendait dire à côté de lui qu'un cheval était superbe : « Il est donc bien gras, répondit-il, car les Français n'estiment le cheval qu'à l'égal du cochon, c'est le plus gros qui est le meilleur. » La critique est sanglante, mais elle est exacte, du moins pour la plupart des Français qui ont des chevaux.

LE CAVALIER.

Malgré tout le respect que j'ai pour votre toute-puissance, je ne puis m'empêcher de lui dire qu'elle nous traite un peu durement. Cependant je puis affirmer que, si ses conseils ne sont pas suivis à la lettre par la généralité, du moins seront-ils déjà pour moi la cause de progrès sensibles dans les soins qu'il est essentiel, je le vois, de porter à ce digne ami de l'homme. Nos haras commencent à laisser peu de chose à désirer pour l'amélioration des races, et tout porte à croire qu'avant peu nous rivaliserons de zèle avec nos voisins d'outre-mer. Nous arriverons ainsi, sinon à la même perfection, du moins à nous en rapprocher davantage. Pour cela il faut que votre divinité jette quelquefois un œil de commisération sur nos actions. L'Italien dit qu'avec de la patience tout est possible; si vous daignez croire à cette maxime, nos progrès seront infaillibles.

LE DIEU.

Comptez sur moi, messire cavalier; mon pénétrant regard ne laissera aucune de vos bonnes tentatives sans encouragement ni récompense.

LE CAVALIER.

Je reviens à vous, noble animal, et vous prie, pour dernière question, de m'expliquer la cause de vos refus quand je veux vous faire prendre le galop sur tel ou tel pied, ou vous faire fuir les hanches, et de me dire par quel procédé j'obtiendrai de vous ces différents mouvements, sans contrainte ni de votre part ni de la mienne. Vous voyez que mon désir est d'arriver à vous conduire d'après les règles puisées dans la nature. N'en refusez donc pas la connaissance à celui qui bientôt n'aura pas de meilleur ami que vous.

LE CHEVAL.

Quiconque se donne la peine de me chercher me trouve toujours. Vous sentez bien, seigneur cavalier, que je suis trop intéressé à la réussite de votre entreprise pour négliger de vous dire tout ce que vous devez savoir, avec ma franchise de cheval, et sans fleurs de rhétorique. La vérité est une; c'est toujours simplement qu'elle doit être dite. Je suivrai cette marche malgré la sécheresse qu'elle pourra donner à mes paroles. Quand vous parvenez à me faire prendre le galop, ou c'est le hasard qui vous sert, ou c'est en détruisant l'équilibre d'une allure que vous en obtenez une autre. Ainsi le trot poussé à l'excès amène le galop, et c'est en forçant et corrompant toutes les positions de cette première allure que vous obtenez la seconde. Quand il en est ainsi, il n'y a pas longtemps de bon cheval. Vous me demandez comment faire prendre l'allure du galop à quelque cheval que ce soit, sans le contraindre douloureusement et sans s'exposer à courir des dangers ? Excusez ma franchise, sire cavalier, mais je crois que vous ne pourriez pas me comprendre ; en l'admettant même, il vous serait impossible d'exécuter ce que vous auriez saisi. Pour cela il vous manque deux choses : d'abord une position bien ferme, qui vous identifie pour ainsi dire avec toute la circonférence de notre corps, ensuite assez de sûreté dans l'action des poignets et des jambes pour que votre volonté seule soit la cause de leurs mouvements. Une fois ces deux conditions remplies, rien n'est plus facile que de nous transmettre à l'instant la connaissance de ce que vous exigez de nous, et de nous forcer à l'obéissance. Comment y parviendrez-vous ? en nous assouplissant d'abord et nous plaçant ensuite. Et comme au galop nos jambes de devant quittent d'abord le sol, il faut les alléger préalablement ; de cette manière, cette allure sera gracieuse et s'obtiendra sans effort. Ce que je vous dis pour le galop est également applicable à tous nos mouvements ou simples ou composés. Rendez-vous toujours compte de l'état de mobilité ou de fixité dans lequel doivent être nos extrémités, pour tout ce que vous avez à nous demander, puis disposez notre corps de manière à obtenir ce résultat, et vous posséderez tous les secrets de l'équitation. Le travail sur les hanches, étant moins dans la nature, est encore plus compliqué et plus difficile à bien exécuter. Il ne m'est pas possible de vous expliquer quelles sont les forces plus ou moins grandes que vous devez employer, puisqu'elles dépendent de celles que vous oppose le cheval; aussi faut-il, pour obtenir ces mouvements précis, du tact et surtout le sentiment équestre. Consentez donc à apprendre les principes de cet art, et bientôt votre intelligence vous en fera posséder toute la science; alors toutes les difficultés que présentent certaines conformations du cheval seront surmontées par vous; bientôt vous obtiendrez des succès réels, et les jouissances qu'ils vous procureront seront incalculables. Vous conviendrez alors que le cavalier a toujours tort lorsque le cheval exécute mal un mouvement quelconque. Car ou il est suffisamment assoupli pour être bien placé, alors donnez-lui une position convenable, et l'exécution sera prompte et précise; ou bien le cheval n'ayant pas le degré convenable de souplesse, la position ne peut s'obtenir; alors soyez assez prudent pour ne rien lui demander, car ce serait sans aucune chance de succès. Gravez bien dans votre mémoire ces deux mots qui renferment tous les principes de l'équitation : *assouplissez, placez,* et votre volonté deviendra la nôtre. Ceci vous explique clairement que ces conditions étant remplies, nous sommes doux et cessons d'être récalcitrants.

LE CAVALIER.

Je me rends enfin, et soutiendrai contre tout venant, non pas, comme l'a dit Boileau, que le plus sot animal est l'homme, mais que son inexpérience peut l'amener à faire bien des bévues et à se trouver souvent inférieur à l'animal qu'il conduit. Oui, grand Hippo-Théo, je vais de ce pas me faire enseigner les principes de l'équitation, et je réclamerai alors une seconde séance de votre divinité, afin qu'elle daigne m'initier à tous ces mystères et me confirmer dans cette noble science ; et je ne monterai mon obligeant coursier qu'après m'être rendu digne de lui. Merci mille fois de la leçon, j'en garderai un éternel souvenir.

LE DIEU.

Adieu, messire cavalier, je reviendrai, n'en doutez pas ; mais en attendant ce second voyage, mettez de la persévérance, du zèle ; écoutez patiemment les conseils de votre professeur et soyez discret dans vos interpellations sans toutefois les lui épargner si elles vous paraissent utiles pour éclaircir vos doutes. Lorsque vous aurez reconnu en lui les qualités nécessaires pour vous inculquer ses principes, soumettez-vous sans réserve à ses décisions, car si ses préceptes sont puisés dans la nature, s'il s'est éclairé de tout ce que la physique a de positif et d'incontestable, il ne peut jamais errer dans la marche progressive qu'il vous fera suivre. Cependant, pour vous mettre en garde contre quelques vieilles routines qui retarderaient votre instruction, voici quelle doit en être la gradation. Quinze jours suffisent pour assouplir vos cuisses et vos reins, et leur faire prendre cette bonne position qui donnera une juste direction aux forces; la mobilité purement mécanique des bras et des jambes succèdera à ce premier travail. Les moyens de conduire viendront ensuite; ils serviront de même à assouplir, à placer, enfin à coordonner les forces et les mouvements du cheval. Ainsi quinze jours pour assouplir les parties qui constituent l'assiette (tenant le cheval en bridon, les rênes séparées), huit jours (avec les rênes de la bride) pour l'exercice des bras et des jambes, puis les éperons.

Quelques jours après viendra le galop. Ainsi, au bout d'un mois, vous pourrez vous faire comprendre de votre cheval, puisque déjà, par cet exercice préalable, vous pourrez vous servir de vos forces ensemble ou séparément.

Vous serez loin cependant d'être un écuyer, mais aucun des principes que vous aurez reçus n'aura rien de hasardé et tous reposeront sur une base raisonnée. Vous n'obtiendrez, il est vrai, que des choses simples de votre cheval, mais vous les lui demanderez avec connaissance de cause, puisqu'il y aura un commencement d'accord entre vos poignets et vos jambes. L'exercice raisonné de vos forces vous fera enfin acquérir le tact qui constitue le véritable écuyer. Une fois arrivé à ces brillants résultats, loin de vous contenter du plaisir que vous procureront les mouvements plus ou moins accélérés de ce bel animal, vous vous efforcerez de trouver les moyens de causer avec lui et de vous en faire *écouter*. Vous comprendrez que le cheval a d'autant plus de promptitude dans l'intelligence qu'il sera monté par un cavalier qui, outre les connaissances dans l'art de l'équitation, aura encore en partage le don de la douceur et de la patience, parce qu'il lui sera plus facile de transmettre promptement et avec à-propos tout ce qu'il possède de science et d'expérience. Si au contraire vous avez de la brusquerie dans le caractère, si vous êtes impatient, vos mouvements, quelque exercés qu'ils soient, s'en ressentiront, et le cheval, prompt à vous imiter, deviendra violent et brusque. Si vous êtes méchant, le cheval ripostera à vos injustes corrections par des ruades ou tout autre déplacement violent, et c'est ainsi que la plupart des chevaux se défendent. Soyez calme, au contraire, et le cheval même le plus actif de sa nature deviendra docile. Si vous avez du tact, de la finesse dans le jugement, le cheval se ressentira de ces heureuses dispositions et s'imprégnera bientôt de vos qualités comme il l'eût fait de vos défauts. Il est donc évident que quiconque veut s'occuper avec soin de l'éducation du cheval doit faire de cette étude un véritable cours de morale, d'autant plus efficace qu'il lui faudra forcément subjuguer ses mauvais penchants et mettre en pratique le précepte d'un ancien philosophe : *Connais-toi, toi-même!* Ainsi le cheval peut offrir à l'homme l'occasion d'acquérir les connaissances les plus utiles et les plus difficiles pour lui, car, comme l'a dit encore un profond moraliste : *Combien de défauts n'attribuons-nous pas aux autres et qui nous appartiennent en propre!* Que de vices! dois-je dire à mon tour, n'attribuez-vous pas à ces intéressants animaux, tandis qu'ils ne proviennent que de l'ineptie ou de la brusquerie du cavalier.

Courage, seigneur cavalier, et pour récompenser vos louables efforts je prierai mon frère, le Dieu des hommes, qu'il vous ait en sa sainte et digne garde.

www.ingramcontent.com/pod-product-compliance
Lightning Source LLC
Chambersburg PA
CBHW060937050426
42453CB00009B/1051